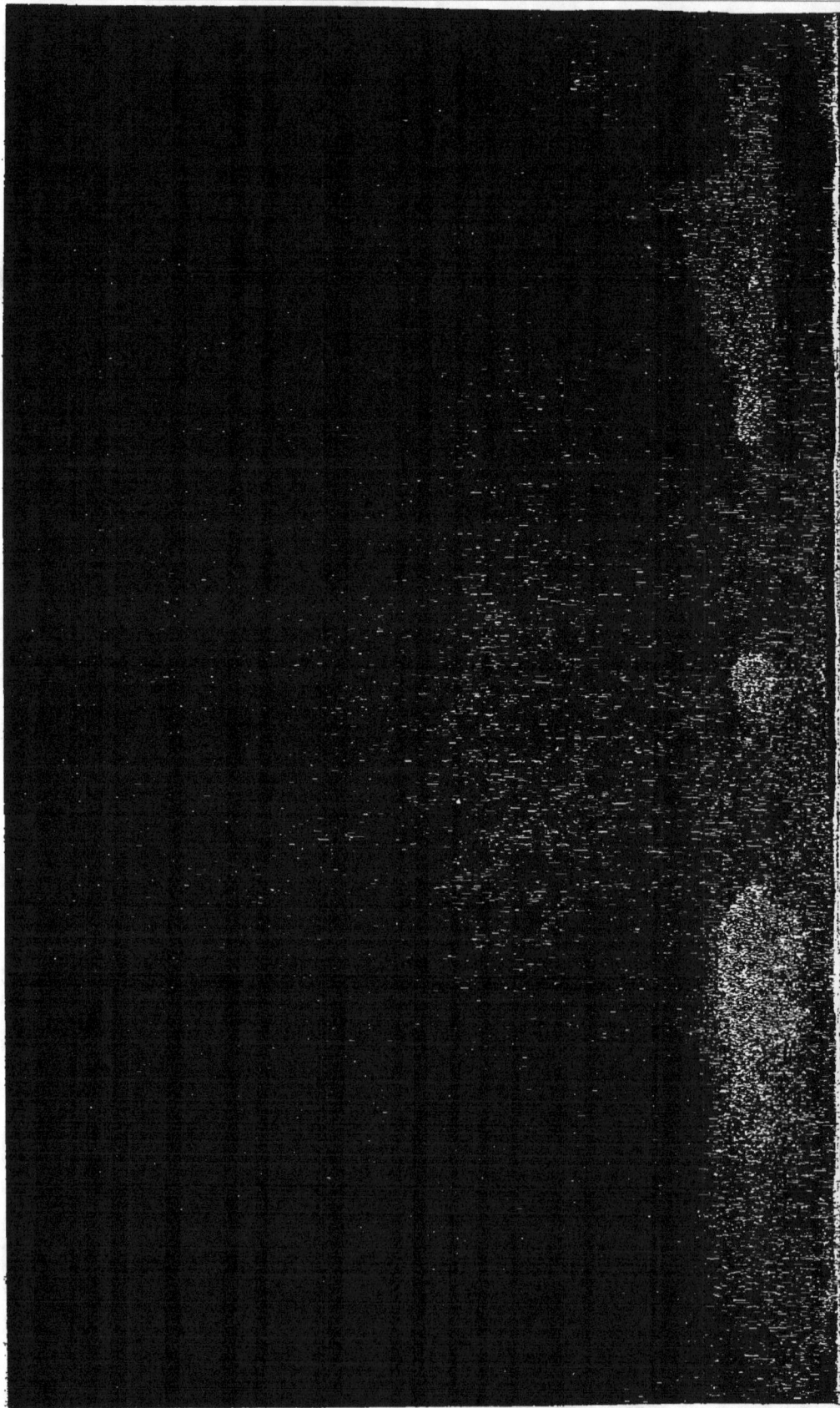

... ET SES AVANTAGES POUR LA SOCIÉTÉ

RAPPORT

Présenté le 23 Mars 1889

À L'ASSEMBLÉE ANNUELLE DES ASSOCIÉS DE L'ŒUVRE DOMINICALE
DU DIOCÈSE D'ORLÉANS

PAR

M. L'ABBÉ BELLET

CHANOINE HONORAIRE
SECRÉTAIRE PARTICULIER DE MGR L'ÉVÊQUE
DIRECTEUR DE L'ŒUVRE

ORLÉANS
IMPRIMERIE PAUL GIRARDOT

1889

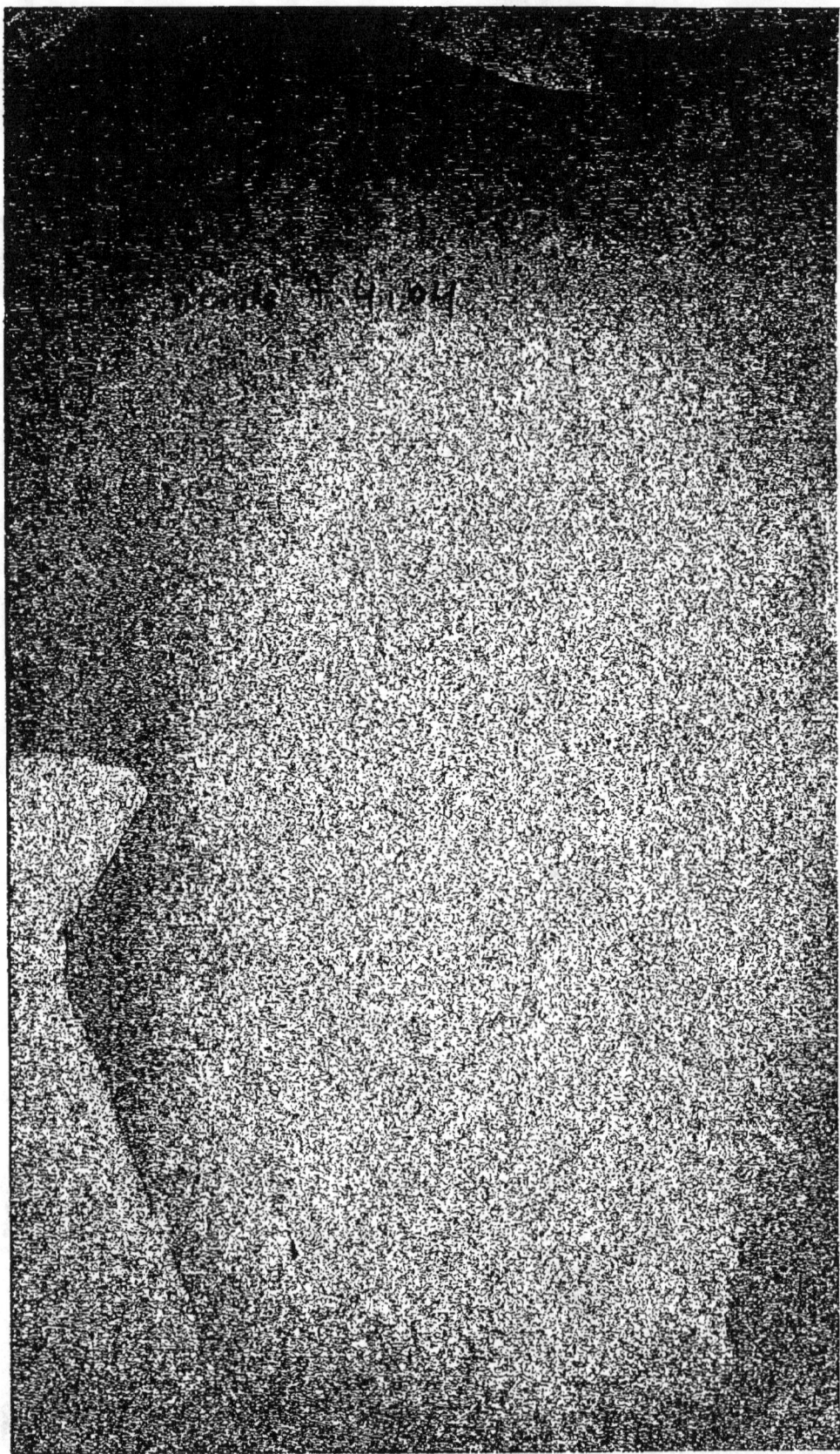

LE DIMANCHE

ET

SES AVANTAGES POUR LA SOCIÉTÉ

D

1890

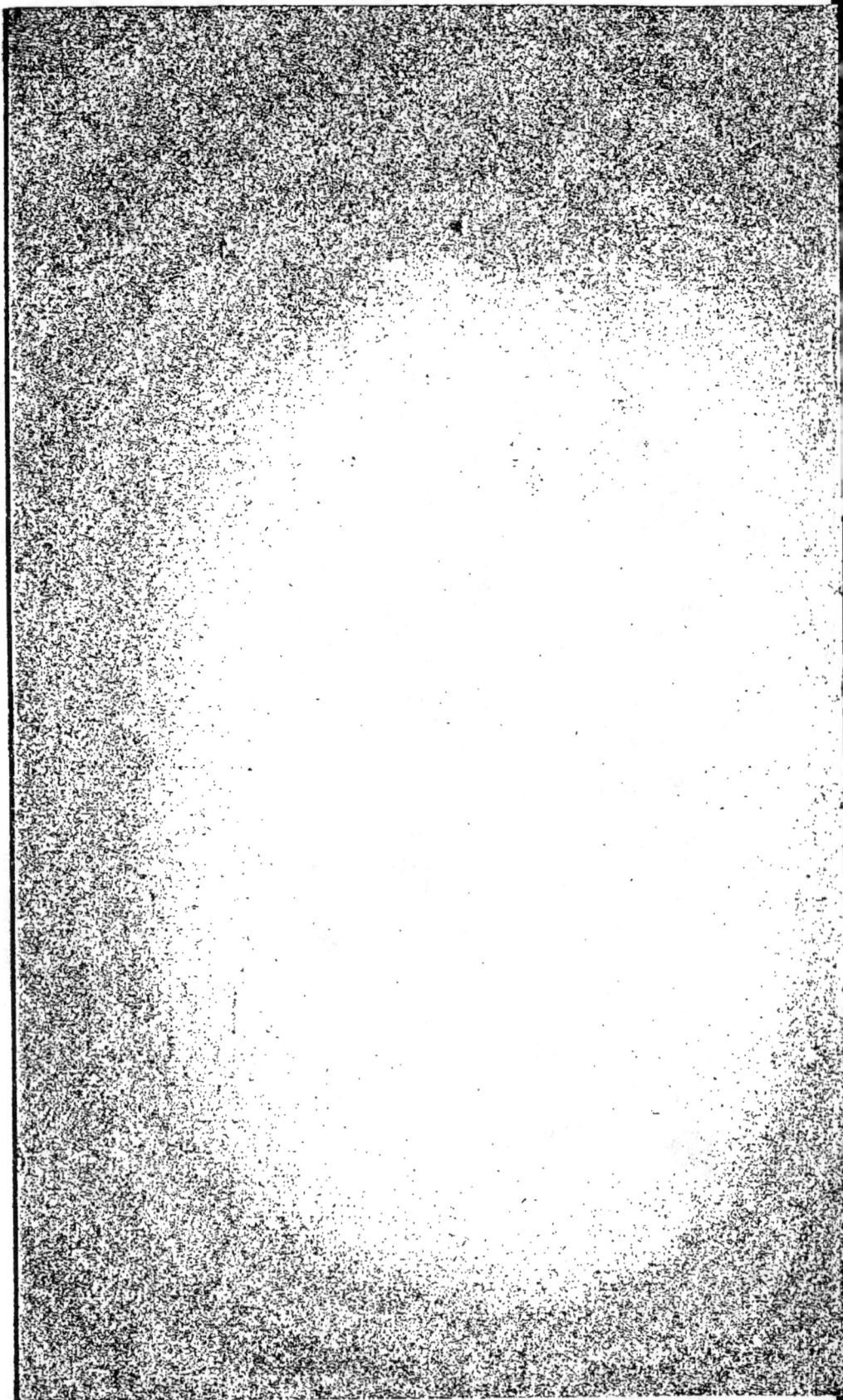

LE DIMANCHE

ET SES AVANTAGES POUR LA SOCIÉTÉ

><><

RAPPORT

Présenté le 24 Mars 1889

A L'ASSEMBLÉE ANNUELLE DES ASSOCIÉS DE L'ŒUVRE DOMINICALE

DU DIOCÈSE D'ORLÉANS

PAR

M. L'ABBÉ BELLET

CHANOINE HONORAIRE

SECRÉTAIRE PARTICULIER DE MGR L'ÉVÊQUE

DIRECTEUR DE L'ŒUVRE

ORLÉANS

IMPRIMERIE PAUL GIRARDOT

Vis-à-vis du Musée

—

1889

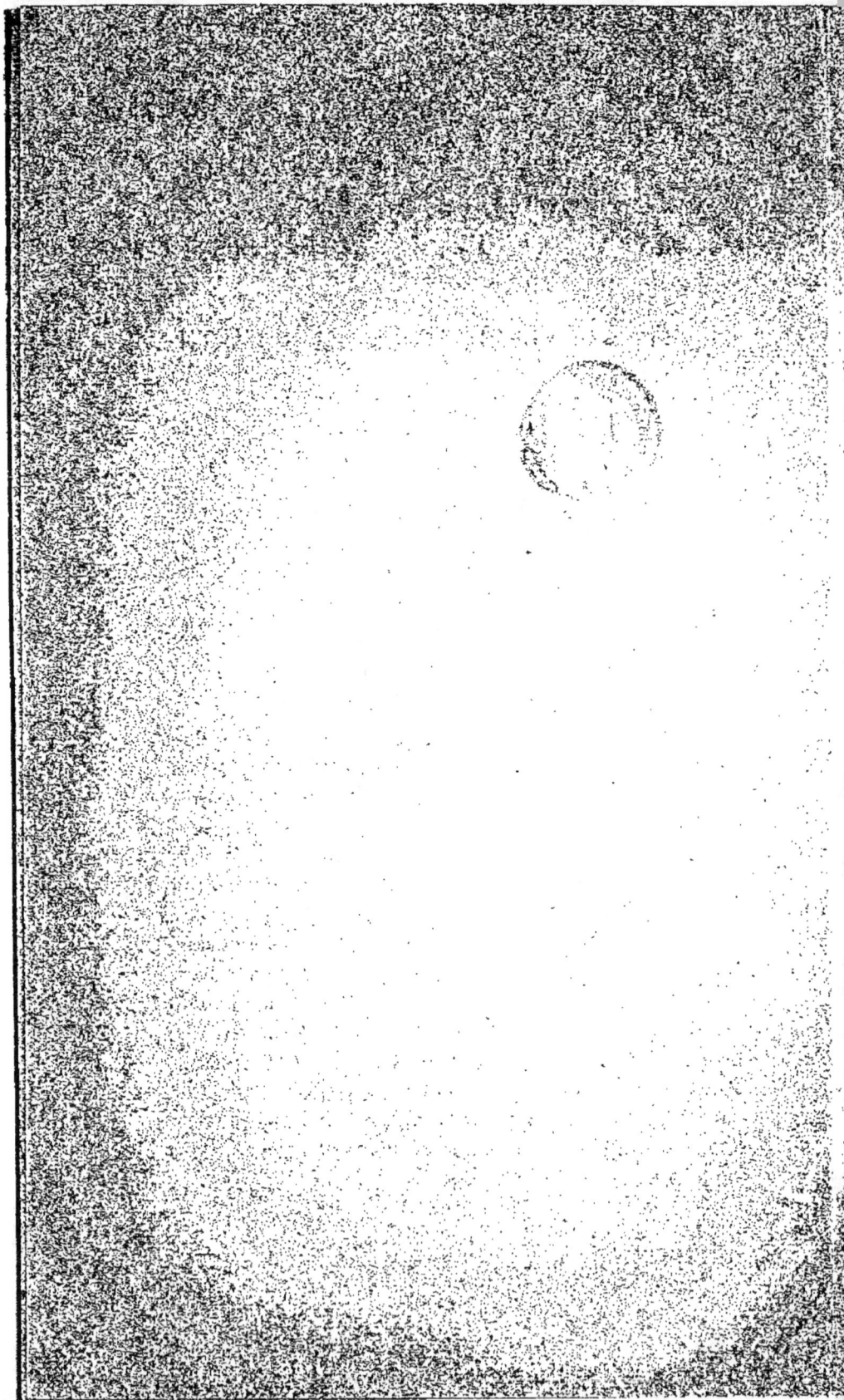

LE DIMANCHE

ET

SES AVANTAGES POUR LA SOCIÉTÉ

MONSEIGNEUR,
MESDAMES,
MESSIEURS,

Appelé à l'honneur de vous parler de l'Œuvre de la sanctification du Dimanche, je ne saurais tout d'abord vous faire mieux apprécier l'objet de cette Œuvre qu'en vous rapportant le témoignage de deux illustres évêques de notre siècle. Voici ce que M⁸ʳ Pie écrivait en 1859 : « Le dimanche est la clef de voûte de tout l'édifice religieux et social. Pas une vérité dogmatique, pas une loi morale, pas une pratique utile qui ne soit liée à la sanctification du dimanche : en sorte que la profanation du dimanche est le renversement absolu de toute l'économie chrétienne. » Dix ans plus tard, nous lisions dans les premières lignes d'une Lettre pastorale de M⁸ʳ Dupanloup sur le dimanche : « Jamais peut-être, Mes Très Chers Frères, je ne vous aurai adressé un enseignement plus nécessaire et plus salutaire. Il s'agit en effet, dans l'instruction que je viens vous faire, ne ce qui, manifestement, est la religion tout entière, pour nos paroisses, pour ce diocèse, je le dirai, pour toute la France elle-même..... Il s'agit pour vous, pour la religion, pour les familles, pour la société, d'une question suprême. »

Et vous aussi, Monseigneur, qui ne sait combien vous êtes affligé de voir un grand nombre de vos diocésains profaner le dimanche ? Qui ne sait que l'un des sujets les plus habituels de vos exhortations aux habitants des paroisses rurales, c'est l'obligation et la nécessité de sanctifier le dimanche ? Qui ne sait que votre cœur ne sera jamais complètement satisfait, tant que vous n'aurez pas ramené tout votre peuple à l'observation du dimanche ? L'intérêt que vous prenez à nos efforts, la bonté que vous avez de nous réunir chaque année autour de vous dans votre palais, nous le disent éloquemment : une Œuvre qui a pour but de porter les hommes au respect du dimanche est à vos yeux une Œuvre capitale.

L'importance de cette Œuvre, vous n'attendez pas de moi, Messieurs, que je vous la démontre ici en vous en exposant toutes les raisons. Ne nous suffirait-il pas d'ailleurs, à nous, chrétiens, de nous souvenir que le dimanche est le jour du Seigneur, *dies Domini*, qu'il se l'est réservé, qu'il lui appartient, et que de ce droit divin découle pour nous un devoir dont l'accomplissement importe au salut de notre âme? Mais si cette considération religieuse doit dominer toutes les autres dans nos esprits, et serait, à elle seule, capable de nous faire observer le troisième précepte du Décalogue, les autres motifs de notre fidélité à cette loi ne perdent pour cela rien de leur force, et il m'a paru opportun de vous en rappeler un aujourd'hui : celui qui résulte des *avantages du dimanche pour la société*.

De nos jours, la question sociale est une de celles qui

préoccupent le plus vivement et le plus justement les esprits, et si nous sommes tenus, nous, catholiques, de n'atténuer et de ne dissimuler jamais la valeur des principes religieux, fondement de tout ordre et de toute loi, si nous devons même élever d'autant plus haut ces principes que le monde semblerait plus disposé à les méconnaître, c'est également notre devoir d'accommoder le caractère de nos Œuvres aux nécessités des temps ; le succès est à ce prix ; et puisque nos adversaires affectent de se retrancher sur le terrain social, c'est notre devoir de les suivre sur ce terrain, et de leur prouver que la société, établie par Dieu pour conduire les hommes à Dieu, ne saurait se tenir debout si elle ne s'appuie sur Dieu.

Ce caractère de la lutte actuelle entre le bien et le mal, ils l'ont compris les hommes vaillants qui sont venus naguère (1) nous démontrer par les arguments de l'éloquence la plus puissante, l'éloquence du cœur et l'éloquence des faits, qu'il y a une question sociale et qu'il y a pour tous les hommes un devoir social.

En principe, le dimanche intéresse-t-il la question sociale ?

En pratique, le devoir de la sanctification du dimanche est-il pour nous un devoir social ?

Veuillez me permettre de répondre à ces deux questions.

(1) Congrès régional de l'Œuvre des Cercles catholiques d'ouvriers, tenu à Orléans du 14 au 17 février 1889.

Le but d'une société, c'est le bonheur de ses membres : ils doivent s'entr'aider, se secourir et se défendre les uns les autres et assurer par là leur prospérité et leur bien-être. Ce bonheur, de quoi dépend-il ?

1. — Il dépend en premier lieu de la VALEUR INDIVIDUELLE DES MEMBRES DE LA SOCIÉTÉ.

Il y eut un temps où la masse des hommes avait peu de part dans la direction des affaires publiques, et où l'influence appartenait presque exclusivement à la classe élevée. Quoi qu'on pense de l'abolition des privilèges, de l'émancipation du peuple, de l'admission de tous les citoyens à concourir, au moins par leurs suffrages, dans l'ordre civil et dans l'ordre politique, à l'administration des intérêts communs, ce sont là des faits accomplis et dont on est obligé de tenir compte. Si l'on doit souhaiter que ce nouvel ordre de choses, créé par la Révolution, soit réglementé avec plus d'équité et de sagesse, il ne semble pas que personne puisse se flatter de le voir jamais disparaître entièrement. Tout porte à croire que désormais les différentes classes de la société, les plus pauvres comme les plus riches, les plus ignorantes comme les plus éclairées, seront toujours appelées, dans une mesure plus ou moins étendue, à participer à la gestion des affaires, à la contrôler, à se choisir des représentants, et, sous leur nom, à se gouverner elles-mêmes. Ainsi prévaudra, en fait, la souveraineté du peuple.

Que le peuple soit donc souverain ! Vous n'en seriez pas effrayés, Messieurs, si ce souverain avait conscience de sa dignité, connaissait ses devoirs et savait les accomplir. Mais ces qualités qui vous rassureraient, les hommes ne les possèderont pas s'ils n'observent la loi du dimanche ; au contraire, le dimanche les leur garantira.

Sans le dimanche, les hommes, surtout les hommes du peuple, ne reconnaîtront pas la dignité de leur corps. Ce corps, assujetti à un travail perpétuel, ne leur apparaîtra que défiguré, voûté, enseveli sous la poussière du grand chemin ou noirci par la fumée de l'usine et n'ayant quelquefois presque plus rien d'humain ; tandis que, le dimanche, ils le verraient métamorphosé et comme transfiguré sous ses vêtements de fête. Sans le dimanche, les hommes s'apercevront-ils qu'ils ont une âme ? Ne seront-ils pas portés à se comparer à l'instrument inerte qui est entre leurs mains, à se croire des machines fonctionnant à peu près de la même façon que celle à laquelle ils sont enchaînés ? tandis que le dimanche serait pour eux un jour d'émancipation, où ils retrouveraient toute la dignité de leur nature. On parle beaucoup, à notre époque, de la liberté ; la vraie liberté, c'est celle que donne le dimanche ; elle consiste à s'affranchir de ses affaires, de son sillon, de son outil, de son commerce, à laisser reposer son corps, à laisser son âme prendre son essor et voler vers les régions supérieures, où elle s'aperçoit qu'elle n'est pas une esclave, mais une reine.

Ainsi affranchis par le dimanche, les hommes s'instruiront plus aisément de leurs devoirs. Ces devoirs, il faut qu'ils les connaissent, il faut qu'ils aient le sentiment de leur responsabilité, ce grand honneur que Dieu a fait à tout homme de l'appeler à coopérer à la réalisation de ses desseins sur le monde. Mais cette connaissance des devoirs, ce sentiment de la responsabilité, où les acquèreront-ils ? A l'atelier ? A l'atelier, ils n'ont d'autre souci que d'exercer leur métier et de gagner leur vie. Au cercle ? Au cercle, ils entendent parler principalement de leurs droits. Il n'y a, Messieurs, qu'un seul lieu où les hommes acceptent sans étonnement et sans murmure qu'on leur enseigne leurs devoirs, parce que c'est aussi le seul lieu où on leur nomme Celui dont l'autorité suprême est le principe de ces devoirs ; ce lieu, c'est l'église ; et il n'y a qu'un seul jour où la plupart des hommes puissent venir à l'église, c'est le dimanche.

Le dimanche, à l'église, ils ne s'instruisent pas seulement de leurs devoirs, mais encore des moyens de les accomplir. Ceux qui ne fréquentent pas l'église n'ont le plus souvent que ténèbres dans leur intelligence, fièvre de l'or et du plaisir dans leur cœur, et c'est parmi eux que nous trouvons les désespérés, ces hommes, si nombreux de nos jours, qui, n'ayant pas reçu de la vie ce qu'ils en attendaient, la quittent par le suicide. Pauvres frères ! Que n'ont-ils entendu les leçons du dimanche ? Ils auraient appris une chose qui aide à pratiquer la vertu, à supporter les privations, à se tenir debout au milieu des infortunes et des ruines : le mérite du sacrifice ; ils sauraient que la grandeur ne consiste pas, pour l'homme, dans la revendication de ses droits, si légitimes soient-ils, mais dans l'accomplissement de ses devoirs, parce qu'être grand, ce n'est pas s'élever au-dessus des autres, c'est s'élever au-dessus de soi-même, au-dessus de ce qu'il y a en chacun de nous de caduc et de misérable ; c'est vivre en union avec Dieu, et, en le servant, régner avec lui.

N'est-il pas vrai, Messieurs, qu'une société où la masse des hommes suivrait ce programme aurait une première et bien précieuse garantie de bonheur ?

Et si je n'ai parlé que de la valeur morale des individus, c'est parce qu'elle est plus importante que leur valeur physique, mais j'aurais pu vous rappeler également que la prospérité d'un peuple dépend aussi, en partie, de la santé et de la force des hommes qui le composent. Quelle société n'a pas besoin de bras pour la nourrir et pour la défendre ? Or, le repos du dimanche empêche ces bras de faiblir. D'où vient en effet que tant d'hommes sont vieux et décrépits avant l'âge, sinon de ce qu'ils dépassent la mesure de travail que le Créateur a assignée à nos membres ?

Ainsi, à tous les points de vue, se justifie la parole de Montesquieu : Les véritables chrétiens sont les meilleurs citoyens.

II. — Dans une société, les individus ne sont pas simplement juxtaposés et comme étrangers les uns aux autres. Ils forment une communauté, et LES RAPPORTS DES CITOYENS ENTRE EUX constituent un second élément du bien social.

Quelle est la règle de ces rapports ?

Il en est une que la société moderne proclame avec orgueil ; vous l'avez lue cent fois sur tous nos édifices publics, sur nos tribunaux, sur nos écoles, sur nos hôpitaux, sur nos prisons, sur nos musées et jusque sur nos églises : *Liberté, égalité, fraternité !* Cette formule ne nous déplairait pas si elle était interprétée sagement ; mais pour cela, il faut recourir aux lumières de la religion.

La liberté ! Veut-on rappeler par ce mot la faculté que Dieu a donnée à l'homme de choisir entre le bien et le mal et de s'ennoblir ainsi lui-même par ses mérites ? Mais cette faculté, l'Église l'exalte, elle l'appelle un don au-dessus de tous les dons : *præstantissimum naturæ bonum*. Veut-on rappeler, par le mot de liberté, la protection assurée au faible, pour la vie de son corps, afin qu'il ne soit pas écrasé par le travail, pour la vie de son âme, afin qu'elle ne soit pas avilie par un enseignement cor-

rupteur, par des assujettissements et des exigences incon-
ciliables avec l'accomplissement du devoir? Mais cette
protection, c'est l'honneur de l'Église de l'avoir toujours
favorisée et de la favoriser encore ; et qui oserait le nier
à cette heure où des millions d'enfants sont arrachés par
la religion des mains de ceux qui voudraient empoi-
sonner leur âme et où des millions d'esclaves espèrent
leur délivrance d'une Œuvre entreprise par un Cardinal,
et bénie par le Pape! Ah ! si tous les hommes entendaient
la liberté comme l'Église, que la société serait heureuse!
Mais il en est un grand nombre qui l'entendent tout
autrement. Pour eux, la liberté, c'est l'indépendance ; s'ils
ne vont pas jusqu'à arborer le drapeau où est écrite la
devise blasphématoire : Ni Dieu, ni maître, ils tendent
du moins à secouer tout joug et à renverser toute autorité. Et vous savez, Messieurs, — l'expérience, hélas !
nous l'a appris et nous l'apprend tous les jours — vous
savez quels maux résultent pour la société d'un sem-
blable désordre. Que les hommes honnêtes et sensés le
déplorent, mais qu'ils n'en soient pas surpris. Quelle est
l'autorité qui subsisterait quand sa base est jetée par
terre? Or, la base de toute autorité, c'est l'autorité de
Dieu, et la manifestation publique du respect pour l'autorité de Dieu, c'est l'observation du dimanche. Quand on
voit comment le dimanche est profané, on ne doit pas
être étonné de l'esprit de révolte qui anime la généra-
tion actuelle. Le premier mal engendre le second. Ils ne
sont pas disposés à respecter les hommes, ceux qui ne
respectent pas Dieu. « L'histoire, dit Mgr l'Évêque de
Coutances, ne parle-t-elle pas un langage suffisamment
expressif? N'avons-nous pas vu tomber en un clin d'œil
des pouvoirs qui, la veille, se croyaient inébranlables?
Voulez-vous savoir le secret de leur chute ? Ce n'étaient
ni les ministres habiles, ni les armées vaillantes, ni les

ressources humaines qui leur manquaient ; c'était le respect ; or, sans respect, point de stabilité, point d'autorité solide, point d'avenir assuré pour les nations. Regardez de près toutes les insurrections qui ont mis à nu la pitoyable fragilité des institutions humaines, et vous verrez que, toutes, elles procèdent d'une première insurrection plus grave et plus criminelle, l'insurrection contre Dieu, la méconnaissance de ses droits. Non, ceux qui ne rendent pas à Dieu ce qui est à Dieu, ne rendront pas à César ce qui est à César. »

L'égalité ! Voilà encore un grand et beau mot ! Si ce mot signifie que tout homme n'apporte avec lui dans le monde aucune supériorité qu'il ne tienne de Dieu, que nous avons tous la même destinée immortelle, que toute âme a droit au respect, nous le revendiquons comme un mot chrétien ; mais si ce mot signifie le nivellement de la société par l'abolition de la distinction des classes, par la destruction de toute propriété, nous le répudions comme un mot antisocial. Et pourtant, c'est ce dernier sens que beaucoup lui donnent, et je ne vous apprendrai pas toutes les revendications violentes, toutes les entreprises criminelles, que, sous prétexte d'égalité, les misères de la vie ont provoquées maintes fois chez ceux qui en sont plus sensiblement accablés. Si je voulais les excuser, ces malheureux, je m'en prendrais à ceux qui ne leur ont pas enseigné la raison des inégalités sociales, à ceux qui leur ont laissé croire par leur pratique habituelle que tout doit être sacrifié aux intérêts matériels, à ceux qui, ayant des ouvriers, des employés, des domestiques, ne se sont pas occupés de savoir si ces hommes ont une âme ; et alors, les plus coupables ne seraient pas ceux que le monde condamne le plus durement. Les auteurs des troubles sociaux, il leur a manqué quelque chose, et ce ne fut pas toujours par leur faute ;

il leur a manqué le dimanche. S'ils avaient eu le dimanche, leurs pensées seraient bien différentes, car la doc-
trine chrétienne rappelle à tous que, devant Dieu, grands
et petits, riches et pauvres, sont unis par le lien d'une
même nature. Tel est le sentiment de la véritable égalité;
il efface toutes les distinctions secondaires, rapproche
toutes les conditions, et, si toutes les communes de France
rendaient au dimanche chrétien son vrai caractère, la
société aurait moins de dangers à redouter.

La fraternité enfin ! L'Église la connaît et la pratique;
elle l'appelle la charité, elle la regarde comme la marque
caractéristique du disciple de Jésus-Christ. Or, la charité,
ce ciment qui unit les membres d'une même société, rien
n'est capable, comme le dimanche, de la produire dans
les âmes. Pour se sentir frères, en effet, il faut avoir une
maison de famille où l'on se réunisse. Mais cette maison
de famille, ce ne sera ni le théâtre ni la salle de concert,
où les pauvres ne peuvent pas aller, et où l'on ne recherche
d'ailleurs que la satisfaction de l'égoïsme par le plaisir,
bien loin qu'on y apprenne à se dévouer à l'intérêt commun. Cette maison de famille, ce ne sera pas le cercle;
les cercles sont nombreux et souvent ennemis les uns des
autres. Cette maison de famille ne peut être que l'église.
Là, le pauvre entre librement, comme le riche; là, tout
homme est chez lui; là, chacun retrouve le baptistère où
il a pris naissance à la vie de l'âme, la table où il a été
admis à s'asseoir à côté de ses frères, le tribunal où,
après ses égarements, son Père lui a ouvert les bras; là,
sont nommés les absents, les malades et les défunts; là,
sont traitées les affaires de la famille; là, on apprend à
sacrifier, s'il le faut, son intérêt privé au bien général;
là enfin, s'exerce la vraie fraternité.

Ainsi, que les rapports des hommes entre eux soient
réglés par la liberté, l'égalité et la fraternité, rien de

mieux, mais que cette liberté, cette égalité, cette fraternité s'appuient sur la religion, et par conséquent sur le
dimanche, et alors l'édifice social restera debout. C'est
un fait d'expérience : « Où donc, demandait naguère
M. Chesnelong au Sénat, où donc avons-nous trouvé, dans
les crises fréquentes que notre pays a traversées depuis
trois quarts de siècle et qui ont souvent mis son existence en péril, un refuge contre le déchaînement des
passions antisociales ? C'est toujours dans ces saines et
vigoureuses populations qui gardent, avec le respect du
dimanche, les traditions d'ordre, de religion et de dignité
morale dont la société a besoin pour vivre et grandir. Et
d'un autre côté, d'où sortent, à certains jours de deuil,
ces masses armées qui se ruent à l'assaut, non pas seulement de tel ou tel pouvoir, mais souvent de la société, de
la civilisation elle-même ? L'armée du désordre sort toujours des abîmes où la loi du dimanche n'est pas res-
pectée. »

III. — Voici une troisième source de bonheur pour une
société : LA MORALITÉ DES FAMILLES.

La famille est une petite société. Elle est le foyer où
l'homme passe une partie notable de sa vie ; même absent,
il y est par le cœur. Les affections de la famille sont pour
lui une chaîne qui le retient, une force qui le porte
et qui l'élève, une flamme qui le purifie. C'est aussi dans
la famille que se forment les citoyens de l'avenir. Pour
toutes ces raisons, on doit convenir que plus les familles
seront heureuses, plus elles contribueront au bien de la
société elle-même.

Or, la meilleure sauvegarde de la moralité et du
bonheur des familles, c'est l'observation du dimanche.

Qu'est-ce qui constitue la vie de la famille ? L'union
entre ses membres. Mais comment être unis, se connaître,

se soutenir, si l'on ne se voit jamais ou presque jamais ? Et dans un grand nombre de familles, quel autre jour peut-on se voir que le dimanche ? « Voyez ce père, écrit Mᵍʳ Pie, à peine a-t-il quitté sa couche et secoué un sommeil qui n'a réparé qu'une partie de ses fatigues de la veille, qu'il est rappelé déjà vers le chantier. Il n'a pu embrasser ses enfants encore endormis. Les repas, qui sont pour d'autres l'heure de la réunion domestique, il est condamné à les prendre loin de sa maison, à côté d'étrangers ; enfin, le soir, il retourne péniblement vers sa demeure, et la lassitude dont il est harassé lui fait regagner sa couche au plus vite. Ni il ne jouit de la douce société des siens, ni les siens ne goûtent la joie de sa présence. Et ce n'est pas là seulement le sort du travailleur de la campagne, c'est celui de l'ouvrier des villes, du commis de magasin, de l'employé des divers services publics. Ainsi s'écoulent, avec une désolante uniformité, les six jours de la semaine. Heureusement, le dimanche revient, et il rend l'époux à l'épouse, le père aux enfants. Ce jour-là, on le voit, on l'entretient, on l'apprécie, on l'honore, on l'aime. Après le tribut d'amour payé à Dieu dans son saint temple, tous les membres de la famille se trouvent enfin réunis auprès du foyer paternel. Le repas pris en commun peut s'appeler vraiment un festin, c'est-à-dire un repas de fête. La confiance, l'intimité, la gaîté, le bonheur reparaissent dans la maison. Ce jour-là, l'artisan redevient l'égal des rois, non point par la possession d'une félicité factice, mais par le sentiment des joies les plus vraies et les plus douces qu'on puisse goûter ici-bas. »

Qu'est-ce qui constitue encore la vie de la famille ? La fidélité de chacun de ses membres aux devoirs qui lui incombent. Mais ces devoirs, on ne les apprend entièrement qu'à l'église, le dimanche. A l'église, le père apprend à estimer l'autorité quasi sacerdotale dont il est revêtu pour commander ; à l'église, la mère apprend le dévouement, qui doit être sa vertu de tous les instants ; à l'église, les enfants apprennent à obéir à leurs parents. Et ce qui est le complément indispensable de cette science, à l'église, le père, la mère, les enfants puisent dans la prière la force nécessaire pour les sollicitudes et l'abnégation de la vie quotidienne.

Privez la famille de son dimanche, il lui restera une vie purement naturelle, qui sera souvent lourde à porter, parce qu'elle ne sera pas soutenue par les joies et les espérances de la religion. Mais que de fois les conséquences de cette privation seront encore plus graves et plus tristes !

C'est qu'en effet si l'homme n'a pas son dimanche, souvent il prend le lundi. Or, le lundi, c'est le cabaret ; le lundi, c'est la dissipation des économies de la semaine ; le lundi, c'est la paresse des autres jours ; le lundi, c'est la discorde, ce sont les querelles ; le lundi, enfin, c'est la ruine matérielle et morale de la famille.

Les familles où le dimanche n'est pas respecté sont des familles sans joie ; multipliez-les, et la société sera malheureuse. Les familles où le dimanche est observé sont des familles où, selon la parole de David, l'épouse est comme une vigne féconde aux parois de la maison de l'époux, les enfants sont comme les rejetons de l'olivier autour de la table du père ; multipliez ces familles et la société sera heureuse.

IV. — On ne saurait contester que LA PROSPÉRITÉ MATÉRIELLE d'un peuple importe beaucoup au bonheur social.

D'où viennent, Messieurs, dans un pays, les divisions entre les citoyens ? Elles viennent, à n'en pas douter, des rivalités. Les sectes mauvaises en sont si bien

persuadées que ce sont les vils sentiments de l'envie et
de la jalousie qu'elles s'appliquent à flatter dans les
hommes, elles savent qu'en s'adressant par ce côté au
cœur humain, elles parviendront plus sûrement à
soulever les classes les unes contre les autres. Or, si la
jalousie se rencontre parfois dans un cœur qui ne manque
d'aucune satisfaction, il est vrai de dire que c'est surtout
la misère qui l'engendre et la développe. D'autre part,
on a souvent remarqué que les hommes les plus enclins
à nier le droit de propriété deviennent les plus ardents
partisans de ce droit, dès qu'ils possèdent eux-mêmes
quelque bien. Supposez donc un pays où toutes les
affaires prospèrent, ne pensez-vous pas que, chacun s'ap-
pliquant à soutenir sa fortune et à jouir de son bonheur,
les trois quarts des divisions et des haines seraient évitées.

Mais les affaires ne prospèrent pas, Messieurs, dans
un pays, si le dimanche n'y est respecté. J'en prends à
témoin le curé d'Ars: il disait dans son bon sens : Je
connais deux moyens de se ruiner, c'est de prendre
le bien d'autrui et de travailler le dimanche. J'en
prends à témoin les principaux lauréats de l'Exposition
de 1878, c'est-à-dire les industriels qui avaient alors
à se féliciter davantage de leurs succès : ils ont affirmé
hautement qu'ils ne travaillaient pas le dimanche.
J'en prends à témoin l'Angleterre : Macaulay, un de ses
grands hommes d'État, a dit: « Bien que depuis des siècles
nous nous reposions un jour sur sept, il est certain que
nous n'en sommes pas plus pauvres : nous sommes au
contraire plus riches..... Jamais je ne croirai que ce qui
fait une nation et plus forte et plus vigoureuse, et plus
sage et meilleure, puisse la rendre plus pauvre..... » J'en
prends à témoin la France, notre chère France : le
travail du dimanche l'a-t-il enrichie? En 1789, on était
fidèle à observer le dimanche, il y avait en France 4 mil-

lions de pauvres sur 26 millions d'habitants; en 1889, le dimanche est violé, et sur 35 millions d'habitants il y a 7 millions de pauvres. « Aujourd'hui, observe un judicieux auteur, on a pour rien des bonnets de coton, des blouses, des journaux, des polichinelles et des épingles; mais paie-t-on moins cher qu'il y a cent ans le pain, la viande, le vin, les légumes, les œufs, les fruits et le lait? Le pauvre peuple a-t-il plus abondamment et à meilleur marché du bois pour son hiver? Dépense-t-il moins en huile et en chandelle? Est-il mieux logé pour le même prix? A-t-il des vêtements plus chauds dans la mauvaise saison? » J'en prends à témoin enfin tous ceux qui ont des yeux pour voir et une raison pour juger : quel est l'homme qui a été ruiné pour avoir suspendu son travail ou son commerce le dimanche?

V. — Enfin, Messieurs, j'arrive à une dernière condition du bonheur social, et si ceux qui ne partagent notre foi ne la reconnaissent pas, il nous appartient, à nous, chrétiens, d'affirmer son importance : je veux parler des BÉNÉDICTIONS DE DIEU.

Elle est toujours vraie la vieille parole du roi David : Si le Seigneur ne bâtit une maison, les ouvriers travaillent en vain; si le Seigneur ne garde une ville, les sentinelles veillent en vain.

Or, à qui sont assurées les bénédictions divines?

Nous l'apprendrons à la lumière des vérités religieuses.

La première de ces vérités est que Dieu a des droits sur les sociétés, non seulement parce qu'il est le maître de chacun des individus qu'elles renferment, mais parce qu'il les a constituées lui-même en tant que sociétés. C'est Lui, dit Léon XIII dans son Encyclique *Immortale Dei*, c'est Lui qui a voulu que l'homme ne fût capable, dans l'isolement, ni de se procurer ce qui est nécessaire et utile à la vie, ni d'acquérir la perfection de l'esprit et du cœur, et qu'ainsi il existât entre les hommes une société tant domestique que civile, seule capable de fournir ce qu'il faut à la perfection de l'existence.

Si Dieu a des droits sur les sociétés, il est vrai encore qu'il ne bénit que les sociétés qui respectent ces droits ; mais, à la différence des individus, que Dieu se réserve souvent de récompenser ou de punir dans l'autre vie, les sociétés, pour lesquelles il n'y a pas d'autre vie, reçoivent ici-bas l'effet des bénédictions ou des malédictions qu'elles méritent.

Et enfin, troisième vérité, Dieu qui exige l'observation de toutes ses lois, est principalement jaloux du respect de son jour, et son troisième commandement est un de ceux dont la sanction, l'histoire le prouve, est appliquée sur la terre avec le plus de générosité pour les peuples fidèles, avec le plus de rigueur pour les peuples prévaricateurs.

Ainsi, Messieurs, sans dimanche, les individus oublient la grandeur de leur nature et ne savent plus s'élever au-dessus des choses matérielles ; sans dimanche, les rapports des hommes entre eux sont troublés par la révolte contre toute autorité, par les rivalités, par le manque de charité ; sans dimanche, il n'y a plus de vraie vie de famille ; sans dimanche, un peuple se ruine ; sans dimanche, on ne peut attendre les bénédictions de Dieu. Toutes ces considérations que nous venons de faire nous démontrent suffisamment l'importance du dimanche pour le bien de la société. Et si vous me demandiez encore une autre preuve de cette importance, je vous alléguerais le témoignage de tous ceux qui étudient sincèrement la question sociale.

Il est remarquable, en effet, qu'il n'y a qu'une voix au

sein des corporations de métiers, au sein des Chambres de commerce, au sein des assemblées délibérantes, pour reconnaître la nécessité d'un repos hebdomadaire. Et ce n'est pas au nom des intérêts religieux, mais au nom des intérêts sociaux que parlent toutes ces voix. On n'accusera pas le Conseil municipal de Paris de fanatisme religieux; or ce Conseil ayant à régler, il y a quelques mois, les contrats passés entre ouvriers et entrepreneurs, pour l'exécution de certains travaux, a introduit dans ces contrats, la clause suivante : La durée normale de la journée du travail sera de neuf heures, et il y aura un jour de repos par semaine. On n'accusera pas les socialistes de tous pays de fanatisme religieux; or voici ce qui s'est passé en Allemagne. En 1885, un projet de loi en faveur du repos dominical fut présenté au Reischtag par les catholiques, et, au cours de la discussion, un socialiste monta à la tribune et déclara que si son parti arrivait au pouvoir, il se garderait bien d'abolir le dimanche, mais qu'il le conserverait précieusement, non pour des raisons religieuses qui lui étaient absolument étrangères, mais pour des considérations purement économiques et humanitaires. Le projet de loi se heurta à des objections présentées par le Chancelier méfiant et jaloux, auquel il répugnait d'être l'exécuteur d'un plan formé par les catholiques. Ceux-ci revinrent à la charge les années suivantes; et l'an dernier, malgré l'opposition persistante du prince de Bismarck, le projet fut voté à l'unanimité. Tous les partis s'entendaient pour affirmer que le repos du dimanche est un bien nécessaire à l'homme.

Ce bien, dont tous les hommes proclament la nécessité, comment se fait-il qu'un si grand nombre de ces mêmes hommes s'en privent? Cette contradiction nous montre une fois de plus, Messieurs, combien sont impuissants à se conduire ceux qui rejettent la vraie lumière : ils se méprennent sur leurs véritables intérêts, et, croyant travailler à leur prospérité et à leur bonheur, ils travaillent à leur ruine.

II

Si maintenant, Messieurs, nous voulons passer de ces théories aux considérations pratiques, la première chose que nous devons faire est de rechercher où en est notre pays, où nous en sommes nous-mêmes, de l'observation du dimanche.

Hélas ! avouons-le aussitôt : le dimanche n'est pas suffisamment observé chez nous.

Beaucoup travaillent, vendent, achètent le dimanche comme les autres jours de la semaine. Parmi ceux qui se reposent et qui s'abstiennent du commerce, beaucoup ne vont pas à la messe. Parmi ceux qui satisfont au précepte de l'Église, beaucoup se contentent du minimum de pratiques qu'elle réclame, de l'assistance à une messe basse, et emploient le reste de leur journée à des plaisirs frivoles, qui distraient leur esprit des pensées religieuses et qui ont souvent l'inconvénient d'assujettir au travail les personnes placées sous leur dépendance. Toutes ces déductions faites, combien reste-t-il de vrais chrétiens, de chrétiens qui sanctifient le jour du Seigneur, non seulement selon la lettre, mais selon l'esprit de la loi ? Si vous en jugez par le spectacle que nous offrent, le dimanche, nos églises d'Orléans, le nombre de ces vrais chrétiens est considérable, et c'est à votre honneur, Mesdames et Messieurs, puisque ces chrétiens, c'est vous-mêmes ; mais si vous réfléchissez au chiffre de la population de notre ville, combien votre nombre vous paraîtra petit ! Que sera-ce donc si vous quittez notre cité et que vous alliez faire la même enquête, le dimanche, dans les paroisses rurales ?

Voilà le mal de notre époque.

Et ce qui augmente la gravité de ce mal, c'est qu'il n'est pas propre à notre diocèse, — notre diocèse n'est-il pas plutôt meilleur que beaucoup d'autres ? — c'est qu'il s'étend à toute la France. Les documents les plus dignes de foi, les lettres de NN. SS. les Évêques à leurs fidèles, nous font voir que la profanation du dimanche envahit même les provinces demeurées jusqu'ici les plus religieuses. Et ce qui donne à ce mal un caractère encore plus effrayant, le caractère d'une révolte nationale contre Dieu, d'un crime national, c'est qu'il est encouragé par ceux qui dirigent notre société. Il y a cent ans, la loi civile protégeait le repos dominical. Ce fut la Convention qui, le 14 août 1793, permit d'établir des foires et des marchés le dimanche ; puis, le 7 thermidor an III, substituant au dimanche le décadi, elle régla que les simples citoyens auraient le droit de pourvoir à leurs besoins et de vaquer à leurs affaires tous les jours, en prenant du repos suivant leur volonté. Le décadi était contre nature : il ne tint pas; mais le dimanche, en reprenant ses droits pour les fonctionnaires publics, resta facultatif pour les particuliers jusqu'en 1814. A cette date, une loi fut portée, le 18 novembre, qui rétablissait l'obligation du repos pour tout le monde. En 1880, on s'aperçut qu'il y avait dans le Code français plusieurs vieilles lois qui n'étaient pas appliquées. Pour les rajeunir et les rappeler à notre souvenir, on les appela des *lois existantes*. La loi sur le dimanche était de ce nombre. D'autres fournissaient aux ennemis de la religion des armes contre elle : on s'empressa de les faire revivre.

La loi sur le dimanche donnait une arme à la religion contre ses ennemis : on se hâta de l'abolir, et le 12 juillet 1880, une loi fut introduite dans le Code de la France catholique, elle avait pour premier article : « La loi du 18 novembre 1814, sur le repos du dimanche et des fêtes religieuses, est abrogée. » Ce n'est pas tout. L'an dernier, un projet de loi sur le travail des enfants et des femmes dans les établissements industriels a été discuté au Parlement; un article de ce projet de loi stipulait que les enfants et les femmes ne travailleraient que six jours par semaine, et auraient un jour de repos. Les représentants catholiques adjurèrent leurs collègues de ne point se rendre coupables, en omettant de désigner que ce jour de repos serait le dimanche, d'un outrage à toutes les convenances religieuses et sociales. Les représentants catholiques ne furent point écoutés, l'outrage fut commis. N'est-ce point là, Messieurs, ce que l'on peut appeler des fautes nationales ?

Telle est notre situation.

Quels malheurs peuvent en résulter, et puisque je ne m'occupe ici que des intérêts sociaux, quelles ruines pour la France, je l'ai dit tout à l'heure ; d'ailleurs, une triste expérience déjà faite ne répond-elle pas avec trop d'éloquence ?

En présence de cette situation et de ces dangers, nous devons nous poser deux questions :

La première est celle-ci : *Pouvons-nous* apporter quelque remède au mal social de la profanation du dimanche?

Messieurs, à moins de désespérer de notre pays, ce qui serait trop dur et ce qui n'est pas permis, nous répondrons : oui, nous le pouvons.

Le remède au mal social de la profanation du dimanche, c'est d'abord notre propre fidélité à garder le jour de

Dieu. S'il est vrai que, sur la terre, les bons sont quelquefois victimes des malheurs que les méchants attirent sur la société tout entière, il est vrai aussi, que souvent la société est préservée à cause de la fidélité des bons. S'il y avait eu dix justes à Sodome, Sodome n'aurait pas péri dans les flammes. Espérons que le Ciel ne nous sera pas moins miséricordieux et clément.

Le remède au mal social de la profanation du dimanche, c'est l'exercice de notre influence sur les autres hommes. Il y a l'influence de l'exemple. L'exemple est puissant, d'autant plus puissant qu'il vient de plus haut. Ne l'entendions-nous pas rappeler, dans notre récent congrès, aux classes élevées de la société, par des membres de ces mêmes classes ? Un moyen sûrement efficace d'entraîner le peuple à l'église le dimanche, c'est d'y aller à sa tête. — Il y a l'influence de la parole. Que n'obtenez-vous pas, Mesdames, lorsque inspirées par votre foi et votre cœur, vous rappelez doucement leur devoir à ceux que vous visitez et que vous secourez, ou encore à ceux qui dépendent de vous par leur travail ou par leur commerce ? Et même, il y a des circonstances où votre parole a une autorité non seulement de persuasion, mais presque de commandement. En voulez-vous la preuve ? Un comité de dames parisiennes a entrepris une campagne en faveur des demoiselles de magasins de nouveautés ; il demandait pour ces demoiselles le droit et la possibilité de s'asseoir pendant les instants où elles n'ont pas de clientèle à servir. Ce comité a eu gain de cause, et aujourd'hui, les demoiselles de magasins de nouveautés peuvent s'asseoir. Les dames, enhardies par leur succès, ont eu la pensée de demander autre chose, et, se souvenant qu'il n'y a pas de meilleure prière que l'action de grâces, elles ont envoyé, aux directeurs des grands magasins, une lettre de remerciement dans laquelle elles ont émis cette idée : « Nous serions heureuses que vous vouliez bien prendre en considération une autre réforme, celle de remettre au lundi la livraison, à votre clientèle, des marchandises achetées le samedi après l'heure du départ de vos voitures. Le repos du dimanche serait ainsi assuré à un nombreux personnel. Déjà beaucoup d'entre nous s'opposent aux livraisons chez elles le dimanche, et nous savons que bien d'autres sont disposées à partager cette manière de faire. Vous ne rencontreriez donc pas d'opposition à la fermeture complète de vos magasins. » Cette demande a reçu des chefs de magasins un bon accueil; une pétition a été immédiatement libellée, elle circule en ce moment, et elle se couvre de signatures. Voilà, Mesdames, quelle est votre influence. — Il y a enfin l'influence du sacrifice. Celle-là appartient à tous, et exercée par tous, elle serait de beaucoup la plus efficace et la plus précieuse. Que de fois n'arrive-t-il pas qu'attentifs à sanctifier le dimanche pour nous-mêmes, nous obligeons les autres à l'employer en œuvres serviles ! Que de fois, faute de prévoyance ou pour satisfaire un caprice, sans avoir conscience de notre tort, je le veux, mais par un tort incontestable, nous privons un ouvrier, un fournisseur, un domestique, un commerçant, du repos dont il a besoin Cette recommandation du sacrifice, disons-le, est une de celles qui soulèvent le plus d'objections contre notre Œuvre, et les deux principales objections, les voici. On dit : je ne suis qu'un individu perdu dans la masse, et mes sacrifices n'ont pas une influence réelle en faveur du repos des autres hommes; par exemple, si je ne voyage pas inutilement ou si je n'écris pas de lettres sans nécessité le dimanche, mais que cent autres à côté de moi voyagent ou écrivent, les employés du chemin de fer ou des postes en auront-ils moins de travail ? Cette objection est plus spécieuse que sérieuse.

Il est vrai, vous ne voyagerez pas, mais d'autres voyage-
ront, et le mécanicien devra les conduire ; vous n'écrirez
pas, mais d'autres écriront, et le facteur devra se mettre
à leur service ; vous n'achèterez pas, mais d'autres
achèteront, et le marchand restera chez lui pour les
recevoir. Mais, d'abord, de ce que nous serions seuls à
poursuivre un bien nécessaire, s'ensuivrait-il que nous
devrions y renoncer ? D'ailleurs, en réalité, notre action
individuelle diminue le travail de nos frères ; puisque
nous leur épargnons le souci de notre personne ; et si
nous sommes nombreux à pratiquer ces sacrifices, à ne
pas voyager, à ne pas acheter, la liberté de ceux que
nos voyages ou nos achats enchaînent ne sera-t-elle pas
plus grande ? On dit encore : je dois me conformer aux
usages du monde où je vis, je dois observer les convenances sociales. Assurément Dieu et l'Église ne défen-
dront jamais d'observer les convenances, et leurs lois
n'imposent pas toujours le rigorisme que nous remar-
quons, au point de vue du repos dominical, chez nos
voisins d'Angleterre ; la fidélité d'une conscience droite,
voilà notre devoir ; mais, l'accomplissement de ce devoir
peut se concilier avec les convenances légitimes. Il est
toujours possible de sanctifier chrétiennement le dimanche
et de se prêter honnêtement aux relations de la famille
et de la société ; il suffit pour cela qu'on soit éclairé sur
son devoir, et que pour y demeurer fidèle, on ne recule
pas, s'il le faut, devant le sacrifice.

Le remède au mal social de la profanation du dimanche, c'est l'association, parce qu'être unis, c'est le moyen
d'être forts pour résister à l'entraînement du mal. Cette
association, vous la formez, Mesdames et Messieurs, vous
êtes environ trois mille qui, en vous liguant dans cette
Œuvre, avez prouvé que vous êtes disposés à maintenir
et à défendre les droits de Dieu dans vos âmes et dans la

société ; vous recevez chaque mois une Revue qui vous rappelle vos engagements et qui réchauffe votre zèle ; vous vous réunissez quatre fois par an au pied des autels, afin de prier en commun pour la France coupable de la profanation du saint jour ; vous nous permettez, par vos offrandes, de faire de la propagande en faveur de la cause dominicale, de répandre dans les campagnes des livres traitant de la question du dimanche ; vous venez ici une fois chaque année entendre parler du dimanche et recevoir les encouragements et la bénédiction de notre premier Pasteur. Ce sont là des bienfaits considérables. Notre influence ne saurait guère s'exercer autrement que par ces bons exemples, ces paroles et ces sacrifices dont je vous ai parlé ; mais si nous étions plus nombreux, si nous étions une grande armée de chrétiens, tous fidèles, tous généreux, quelle puissance nous aurions, et combien nous obtiendrions de résultats !

Telle est, Messieurs, la réponse à la première question que nous nous sommes adressée.

Voici la seconde question. Ces remèdes, qui sont entre nos mains, *devons-nous* chercher à les appliquer à la société ? Chacun a-t-il le devoir de s'employer à faire cesser le désordre social de la profanation du dimanche, ou bien chacun a-t-il le droit, en étant fidèle à Dieu pour son propre compte, de se désintéresser de la fidélité commune ?

Vous répondez vous-mêmes : ce droit n'appartient à personne, ce devoir est le devoir de tous.

C'est un devoir d'intérêt. Chacun doit travailler à assurer son propre bonheur. Or, le bonheur des individus dépend du bonheur public ; et puisque le bonheur public tient à l'observation du dimanche, chacun a le devoir de favoriser cette observation.

C'est un devoir de charité. Chacun doit concourir au

bien-être de ses frères ; or, le mépris du dimanche est un des maux par lesquels les sectes mauvaises cherchent à entraîner les hommes à leur perte ; chacun a donc le devoir d'empêcher le mépris du dimanche.

C'est un devoir de patriotisme. Chacun est tenu de pratiquer, non seulement les vertus du vrai fidèle, mais celles du bon citoyen, de porter sa foi et sa conscience dans les actes de la vie civile, comme dans ceux de la vie privée, de concourir au bien général dans la mesure de ses forces. Or, la première vertu d'un bon citoyen, c'est l'amour de sa patrie, et puisque le bien de la patrie est intimement lié au respect de ses enfants pour la loi du dimanche, chacun a le devoir de faire respecter cette loi.

C'est un devoir de foi catholique. Chacun doit s'intéresser au bien de l'Église ; or, le bien de l'Église est étroitement uni à la prospérité morale des nations, et en particulier, par un grand bienfait qui est un grand honneur pour nous, à la prospérité morale de la nation française, et puisque nulle nation n'est prospère si elle ne sanctifie le dimanche, chacun a le devoir de s'employer à faire sanctifier ce saint jour.

Et si la gravité d'un devoir est en raison directe des dangers que court une société, je vous le demande, Mesdames et Messieurs, en quel temps s'imposa plus impérieusement à nous le devoir d'observer et de faire observer le dimanche ?

Je termine. Il y a dans la cathédrale de Châlons une pierre sépulcrale qui porte pour inscription ces mots : *Souvenez-vous de sanctifier le dimanche.* Sous cette pierre repose le corps de Mgr de Prilly. Ce vénérable prélat, après avoir exhorté toute sa vie ses diocésains à la sanctification du dimanche, avait voulu leur prêcher encore ce devoir du fond de sa tombe, et longtemps avant sa mort, il les avait conjurés, dans une Lettre pastorale, de venir plus tard, en priant pour son âme, recevoir de lui cette recommandation suprême. Mgr Pie, auquel j'emprunte ce récit, forme, pour ses fidèles, un vœu que je vous demande, Monseigneur, la permission de former pour les vôtres, c'est que, sur la tombe de chacun d'eux, on puisse écrire un jour ces autres paroles : *Et requievit die septimo et sanctificavit eum :* cet homme s'est toujours reposé le septième jour, et il l'a toujours sanctifié.

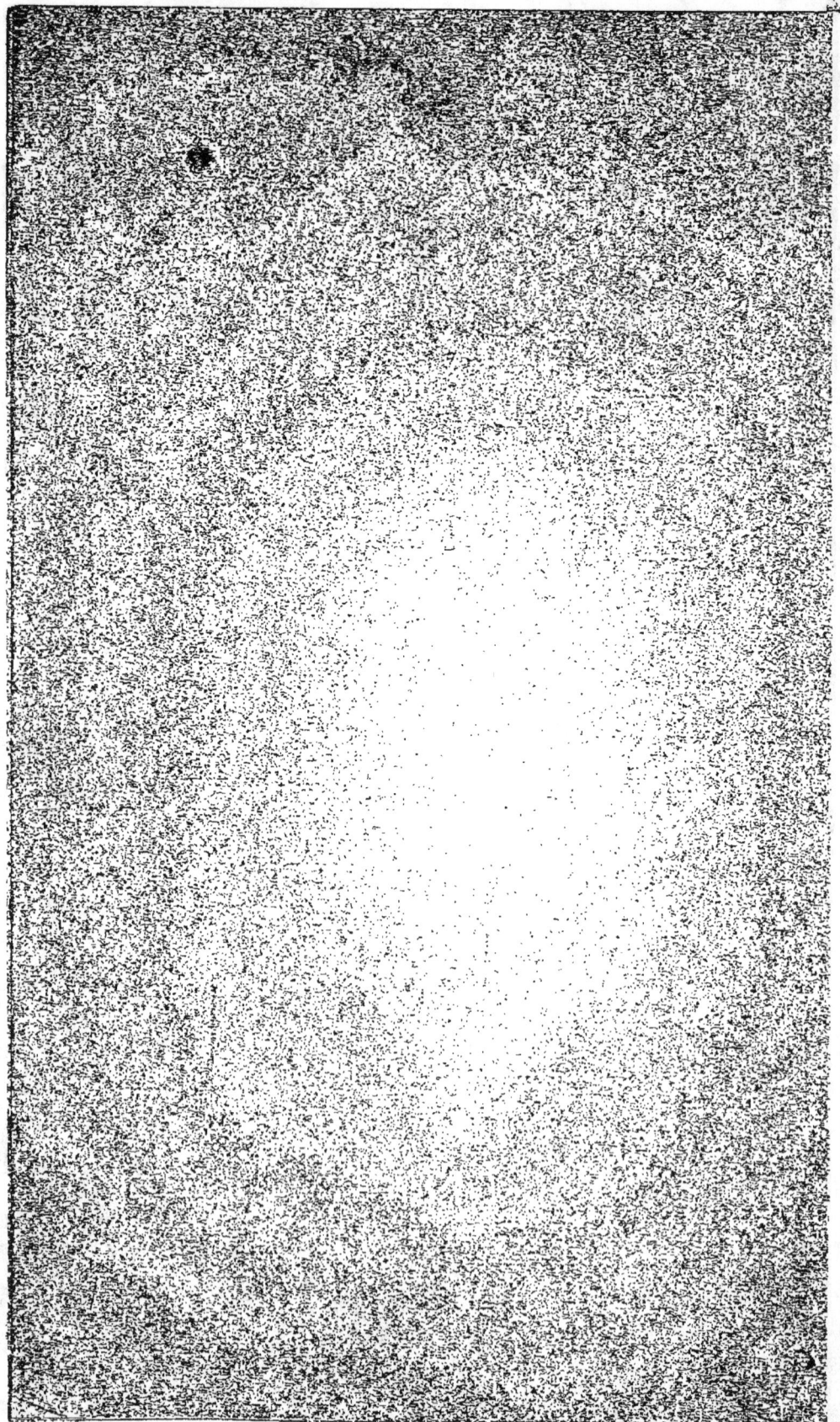

www.ingramcontent.com/pod-product-compliance
Lightning Source LLC
Chambersburg PA
CBHW060758280326
41934CB00010B/2510